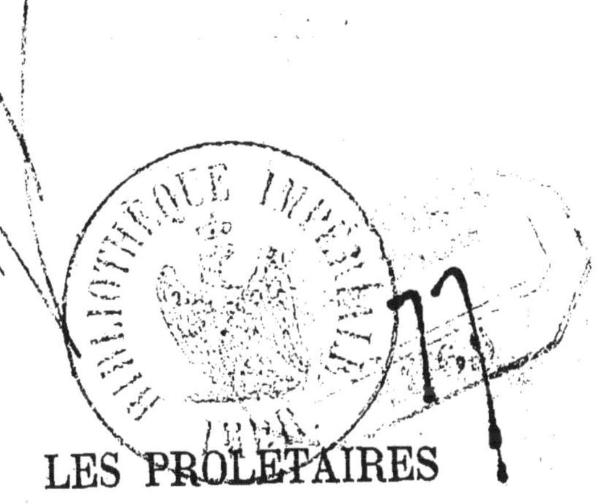

LES PROLÉTAIRES

A LA CHAMBRE

A LA MÊME LIBRAIRIE

NOUVEAUTÉS

Deux Sessions législatives, 1867-1868, par M. Jules Favre, député, fort vol. in-18.	3 fr. 50
Les Révolutions de la Parole, par D. Bancel, très-beau vol. in-8° cavalier.	6 »
Le Catéchisme du XIXe **siècle**, par Boysset, 1 vol. in-18	3 50
L'Instruction populaire, par Jules Simon et Carnot, 1 vol. in-18.	1 50
L'Ecole et la Liberté, par Aug. Marais, avec Préface de M. Eug. Pelletan, 1 vol. in-18	1 50
De l'Influence des mœurs sur la littérature, par Jules Favre (de l'Académie française), broch. in-18. . .	» 50
L'Enseignenent populaire, par Jules Favre, broch. in-18.	» 50
L'Amour de sa Profession, par Jules Favre, broch. in-18.	» 50
Ce que veut Paris, par Jules Favre, broch. in-18 . .	» 50
Le Devoir, par Jules Simon (de l'Institut), broch. in-18.	» 50
Paris aux Parisiens, par Jules Simon (de l'Institut), broch. in-18	» 50
La Famille	» 50
Le Progrès, par Ed. Laboulaye, 3e édition.	» 50
Le Public français, par Saint-Marc Girardin, de l'Académie française.	» 50
La Femme au XIXe **siècle**, par Eug. Pelletan	» 50
La Petite Bourgeoisie, par Jules Levallois, broch. in-18	» 50
La cause de la Cherté, par Jules Levallois, broch. in-18	» 50
La Lanterne aux Parisiens (de Camille Desmoulins), par Jules Claretie, broch. in-18	» 50
La vie et la mort de Lincoln, par M. Cochin. . . .	» 50
Le président Ulysse Grant, par M. Chotteau	» 50
La République des États-Unis d'Amérique, par M. Maze.	» 50

Coulommiers. — Typogr. A. MOUSSIN.

LES

PROLÉTAIRES

A LA CHAMBRE

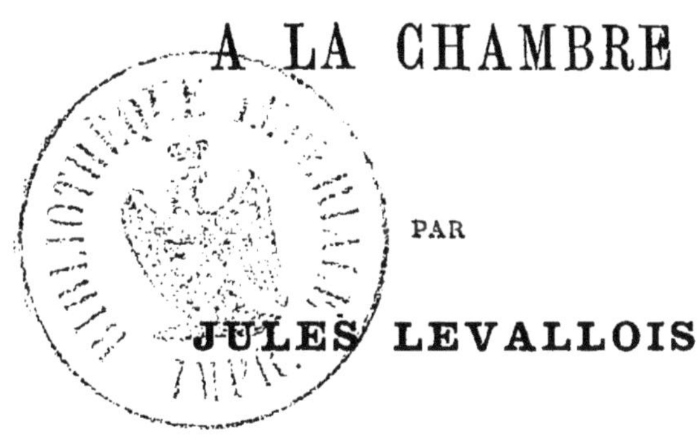

PAR

JULES LEVALLOIS

> Les choses en changeant changent d'organes. Ceux qui ont entamé la révolution ne peuvent la finir. Cette tâche est dévolue aux prolétaires.
>
> (LITTRÉ.)

> Le jour où la plèbe aura proclamé, selon les aspirations du droit nouveau et les formules de la science, la réforme économique et sociale, sera le jour de la fusion définitive.
>
> (PROUDHON.)

PARIS

(BIBLIOTHÈQUE LIBÉRALE)

LIBRAIRIE DEGORCE-CADOT

37, RUE SERPENTE

LES PROLÉTAIRES

A LA CHAMBRE

I

La composition de la représentation nationale, depuis le rétablissement du suffrage universel, offre, lorsqu'on se donne la peine de réfléchir un instant sur ce sujet, la plus singulière et la plus attristante des énigmes. Jetez les yeux sur la liste des membres du Corps législatif actuel, vous y verrez figurer — comme dans les précédentes assemblées du second Empire — des nobles, tant anciens que nouveaux, de grands manufacturiers, les chefs du haut commerce, des banquiers, des rentiers, des propriétaires, des avocats : pas un petit bourgeois, sauf deux ou trois journalistes, pas un paysan, pas un ouvrier. Au temps du suffrage restreint, lorsque la suprématie sociale de la classe moyenne était quasi érigée en dogme, une telle exclusion pouvait paraître, sinon excusable (rien ne la saurait justifier), du moins concevable. Sous le régime de l'appel au peuple et du suffrage universel, elle semble incompréhensible.

Pourtant, il n'y a pas de fait qui n'ait son explication, le tout est de la chercher et, quand on croit l'avoir trouvée, de la donner nettement, sans arrière-pensée ni réticence. Diverses interprétations et solutions se présentent. D'abord celle-ci : les classes que dans un esprit de prudence, dans leur intérêt bien compris, à ce qu'on assure, on avait jusqu'à ces dernières années tenues à l'écart de la vie publique, amnistient et ratifient par les choix qu'elles font aujourd'hui en toute liberté la conduite des pouvoirs antérieurs à leur égard. En dehors de leur concours et sans leur consentement, on nommait pour les représenter des nobles ou de riches bourgeois ; à l'heure qu'il est, maîtresses d'elles-mêmes et, en vertu d'une disposition légale, jouissant tous les six ans d'une souveraineté passagère, c'est encore parmi les nobles de race ou de cour, parmi les plus considérables personnalités de la haute bourgeoisie qu'elles vont choisir leurs délégués.

Ne vous avisez donc pas de soutenir que la nation est insuffisamment, incomplétement représentée. Un semblable reproche — si l'on tient compte du système électoral actuellement en vigueur — porte non pas sur ceux qui sont élus, mais sur ceux qui élisent, sur la classe la plus nombreuse. Or, si cette classe se trouve convenablement, sincèrement et, pour tout dire d'un mot, mieux représentée par des individus appartenant à la classe censée supérieure que par des mandataires choisis dans son sein ; si elle proclame spontanément, de bonne foi et avec une honorable résignation son entière incompétence en matière politique, que pourrait-on redire à cela et de quel droit préfèrerait-on telle ou telle doctrine soi-disant démocratique, à l'instinctive sagesse, à l'aveu franc et loyal du peuple?

D'autres vont plus loin et ajoutent : «Les paysans et les ouvriers nomment des bourgeois parce qu'ils sentent, en dépit de tout ce qu'on a pu avancer, qu'entre les diverses classes d'une même nation, il y a solidarité d'intérêts. Ils prouvent ainsi par leur vote que ce prétendu antagonisme dont on nous entretient si volontiers et qui paraît inspirer autant de terreur dans un camp que d'indignation dans le camp opposé, n'est au fond qu'une chimère et un vain épouvantail.» Si réellement, entre le bourgeois et le prolétaire, soit urbain, soit campagnard, il existait des dissentiments profonds, de graves divergences, sur des questions d'importance capitale, ces divergences se traduiraient de toute nécessité au moment du renouvellement de la Chambre; chacun suivrait une direction différente et confierait à des hommes de son milieu, de son bord, le soutien de sa cause. C'est justement le contraire qui arrive.

Les ouvriers, les paysans, chargent exclusivement des bourgeois de régler tout ce qui concerne les questions commerciales, industrielles, agricoles. Ils s'en remettent à eux pleinement, absolument. La conséquence est facile à tirer. Ayant eu lieu déjà d'être satisfaits de leur gestion, ils font acte de gratitude et de raison en leur renouvelant un mandat dont ils ont si bien usé. Qu'on ne nous parle donc plus d'antagonisme des intérêts, de désaccord ou de rivalité des classes, de conflits possibles; ces appréhensions, qui seraient coupables si elles n'étaient absurdes, tombent au contact d'une réalité incontestable, plus éloquente que des paroles oiseuses, l'accord du bourgeois et du prolétaire devant le scrutin.

Ces interprétations sont spécieuses et ne manquent point d'ingéniosité, mais elles ont le tort de trop se tenir à la surface des choses, de ne pas remonter aux causes, de ne pas rechercher les *dessous*. En présence de deux ordres d'actes et d'idées radicalement différents, elles négligent les éléments multiples et contradictoires du problème. *Le fait électoral*, devenant par une évolution naturelle le *fait législatif*, ne doit pas à lui seul absorber l'attention des penseurs. Il y a aussi le *fait social* qu'on ne peut pas laisser de côté et qui s'impose à nos méditations. Les interprétations que nous venons de soumettre à nos lecteurs concluent délibérément du fait législatif au fait social. Elles posent ou plutôt supposent en principe que la composition de nos assemblées répond exactement à l'état des esprits et traduit, met en pleine lumière la disposition générale, universelle.

Là précisément est l'erreur. Expliquer la composition à peu près exclusivement bourgeoise du Corps législatif par l'abdication raisonnée de la majorité des électeurs reconnaissant humblement leur incompétence politique, ou bien encore par la similitude, par l'identité d'intérêts qui existe entre le prolétariat et la classe moyenne, c'est peut-être se conformer aux formules logiques de l'école, mais c'est aussi se fonder sur les apparences les plus trompeuses, c'est surtout avouer qu'on ignore ou qu'on ne veut pas voir ce qui se passe chaque jour sous nos yeux, ce qui éclate, s'affirme, se manifeste dans tous les discours et toutes les actions.

L'histoire des vingt dernières années, s'unissant sur ce point à l'expérience quotidienne, atteste que jamais les classes laborieuses ne furent moins disposées à se reconnaître incompétentes en matière politique et que jamais non plus, en ce qui touche leurs intérêts, elles ne se sentirent si résolues à revendiquer hautement des garanties nécessaires et le libre exercice de leurs droits. Le peuple ne songe point en ce moment à une abdication politique; il n'incline pas davantage vers je ne sais quelle transaction sociale que d'ailleurs la force des choses rendrait impossible. Voilà qui réduit à néant ces timides essais d'interprétation, mais l'énigme n'en devient pas pour cela plus commode. Le contraste frappant, choquant entre le fait législatif et le fait social subsiste, plus on cherche, plus il s'accuse nettement.

Pourquoi les petits bourgeois et les prolétaires si jaloux, et avec raison, de leur part de souveraineté, s'empressent-ils, dès qu'ils en peuvent jouir, de la déléguer, de la déposer en d'autres mains? Pourquoi, fortement et justement attachés à leurs intérêts, ne plaident-ils pas eux-mêmes, puisqu'ils le peuvent, leur cause à la face du pays? Pourquoi enfin vont-ils uniquement chercher leurs mandataires dans les rangs de la classe avec laquelle ils luttent depuis si longtemps, contre laquelle ils réclament sans cesse? Nous avons vu quelles réponses on fait à ces questions. Elles nous ont paru bien peu satisfaisantes. Essayons à notre tour, sans fausse honte, d'expliquer l'énigme. L'heure des précautions littéraires, des simagrées académiques est passée. Hâtons-nous ; le sphynx n'attend pss.

II

Lorsque nous voyons une personne légalement et de plus récemment mise en possession d'un droit précieux dont pendant des années elle avait passionnément réclamé l'exercice, hésiter à en faire usage et n'en tirer aucune des satisfactions qu'elle avait espérées, nous sommes portés à croire que quelque secret obstacle l'entrave, la paralyse, et dix-neuf fois sur vingt, l'expérience nous prouve que nous avons raison, que son apparente liberté cache plus d'une gêne, plus d'une servitude. Ce qui est vrai d'un individu l'est aussi d'une classe et même d'une nation. Quand des hommes reconnus libres n'agissent pas conformément à leur condition officiellement proclamée, ce n'est pas qu'ils s'en déclarent indignes ou soient assez aveugles pour refuser d'en jouir, c'est, croyez-m'en, parce qu'un obstacle non avoué et peut-être non prévu par la loi, mais insurmontable, infranchissable, arrête leur élan, enchaîne leur volonté.

Quelle est la plaie secrète du suffrage universel?

Qu'est-ce qui l'empêche d'être pleinement lui-même, tout à fait sincère et d'envoyer au Corps Législatif une représentation qui étant réellement complète se trouverait par cela seul investie d'une immense autorité? Cette plaie, je vais la nommer tout de suite. Je vais dire pourquoi le prolétaire n'est jamais député, pourquoi le bourgeois et le noble le sont toujours. L'explication est simplement dans ces deux mots que déjà sous Louis XIV le catholique et monarchique La Bruyère faisait alterner d'une façon si redoutable: ceux-ci sont riches, celui-là est pauvre.

S'il est une vérité dont tout le monde en France soit bien persuadé, trop persuadé même, c'est que rien n'est plus coûteux qu'une élection. Ne me demandez pas à combien cela se monte, je ne saurais vous le dire au juste, n'ayant jamais eu pour mon compte une note de ce genre à payer. Mais je ne suis pas sans avoir connu quelques candidats ou amis de candidats et il m'est revenu qu'on se tirait difficilement d'affaire sans dépenser, au bas mot, de quinze à vingt mille francs. Mettons dix mille, cinq mille, c'est trop cher pour vous, n'est-ce pas, et pour moi aussi. En revanche, Harpagon, le banquier ou le comte de Chateaucroulant peut parfaitement se passer cette fantaisie. Il en sera quitte, s'il ne réussit pas, pour augmenter un peu ses fermages ou hausser légèrement l'escompte. Plaie d'argent dans ce cas se guérit vite et les piqûres ne sont que pour son amour-propre.

Imaginons maintenant (les hypothèses ne coûtent rien) que dans le fond d'un village, en Bourgogne ou dans le Nivernais, se trouve un homme jeune encore, qui, de bonne heure et par d'honnêtes moyens, possesseur d'une petite fortune, a consacré ses heures d'indépendance et de loisir à l'étude des problèmes politiques et sociaux. Il a beaucoup réfléchi sur ces matières ; il croit avoir découvert certaines solutions ; il se sent assez de talent, de santé, d'énergie, pour exposer, propager, défendre ses idées. L'ambition la plus naturelle, la plus noble, la plus légitime, celle de soutenir des opinions qu'on croit vraies et de servir des intérêts auxquels on s'associe, parce qu'on les voit de haut et largement, cette ambition germe peu à peu dans son cœur ; elle s'accroît; elle n'attend qu'une occasion pour se manifester.

Sur ces entrefaites, un siége au Corps Législatif vient à vaquer dans l'arrondissement où notre rentier philosophe plante ses choux. Son premier mouvement est de se présenter. Il a, lui assure-t-on, tout ce qu'il faut pour faire un député passable... un député peut-être, mais un candidat, non pas. L'arrondissement est fort grand et la sous-préfecture a découpé les circonscriptions avec une habileté qui n'exclut pas le caprice. Notre ami a-t-il seulement un cabriolet pour courir partout, peut-il comme Harpagon, qui ne s'entend pas moins à spéculer sur la charité que sur la cupidité humaine, répandre à propos les aumônes, ou donner des tableaux aux églises, des soutanes aux curés, comme le comte de Chateaucroulant ? Peut-il offrir des banquets auprès desquels les festins de Gargantua et les noces de Gamache ne seraient qu'une plaisanterie ? Est-il à même comme ses compétiteurs de prodiguer les rouleaux compresseurs, les vélocipèdes, de coiffer plusieurs compagnies de pompiers ? A-t-il de quoi louer un lieu *clos et couvert* pour y recevoir sept ou huit cents électeurs (un bâtiment d'une belle étendue, comme vous voyez, et généralement d'un prix non modique) ?

Et puis avec son air réservé, modeste, que ses rivaux ne se gênent pas pour qualifier d'air *minable*, pourra-t-il, lui qui n'a qu'un programme à opposer à des promesses inspirer quelque confiance à des gens encore étourdis des engagements pris par le banquier parisien ou le seigneur du village ? S'il leur parle de mesures d'intérêt général, ils lui répondront en demandant des avantages locaux, un pont, une église, une caserne, un embranchement de chemin de fer. A leurs yeux un député n'est qu'un solliciteur puissant et riche qui doit constamment quémander pour eux quelque faveur auprès des grands de la terre et qui, en attendant, ne regarde ni à la dépense, ni aux largesses.

Indépendant et sincère avant tout, notre homme se consulte et se tâte. Pour soutenir la lutte, pour contrebalancer l'influence du presbytère, du château , pour avoir quelque crédit et quelque autorité auprès des électeurs, pour parer aux frais de publicité indispensables et avec tout cela, en fin de compte, n'arriver très-probablement qu'à un échec, il faudrait manger dix années de son revenu, se condamner indéfiniment à la misère, bref se ruiner. Trouverons-nous bien étonnant, surtout s'il a une famille, de le voir reculer devant une lutte où les chances sont tellement inégales ? Oserons-nous le blâmer ? Etait-il dans une situation à faire librement un choix ? Je vais aussi loin que possible dans le regret ; j'admets que s'il eût réussi, le Corps législatif eût vu s'assoir sur ses bancs un homme éminent, un penseur, un orateur ; mais l'humble citoyen n'est pas plus condamnable qu'un soldat qui, n'ayant ni poudre, ni balles, ni sabre, se retirerait devant l'ennemi. Il a cédé sans combattre, j'en conviens. Que voulez-vous ? Il est pauvre !

On devine quelles raisons me font écarter de cet exemple tout ce qui serait de nature, soit à le trop particulariser, soit à lui donner une teinte d'exagération. J'ai laissé dans l'ombre l'opinion politique, les tendances sociales du patriote désintéressé qui a rêvé la candidature ; il n'espère rien de la pression administrative ; il n'en redoute rien non plus. Son indépendance peut, à la rigueur, n'être pas le résultat direct de ses doctrines ; elle tient à son humeur, à son caractère, à la sécurité que lui garantit sa petite mais solide aisance. Un tel ensemble de conditions est plus facile à imaginer qu'à réaliser ou à découvrir. Eh ! bien, nous l'avons vu, fût-il réalisable, fût-il en quelque sorte sous notre main, il serait insuffisant et ne conduirait pas au succès.

La démonstration s'achève d'elle-même. Le terme auquel l'aisance du petit bourgeois ne saurait parvenir, est-ce la pauvreté du paysan, la misère de l'ouvrier, du prolétaire qui serait en mesure d'y atteindre ? Evidemment non. Veuillez vous reporter aux obligations, aux charges dont nous faisions tout à l'heure l'énumération, et vous reconnaîtrez aisément, au premier coup-d'œil, que ce qui est horriblement difficile, écrasant, désastreux pour le commerçant au détail, l'industriel de second ordre et le rentier, est tout simplement impossible pour le fermier, le métayer, le typographe, le maçon, le couvreur, le fileur. Ceux-là n'ont même pas la faculté de se ruiner. La moindre tentative pour s'élever à l'action politique leur est interdite.

Nominalement éligibles, de fait jamais élus, ils formeront éternellement la foule des électeurs, foule anonyme, passive (sauf à de rares intervalles), demeurant à distance des fonctions publiques, inflexiblement immobilisée. Trop heureux encore si, par un de ces coups de désespoir réactionnaire, comme notre histoire n'en contient déjà que trop, la haute bourgeoisie s'alliant avec les débris de l'ancien régime et avec le clergé, ne leur enlève pas, par une nouvelle loi du 31 mai, leur dernière prérogative et ne les rejette point à ces profondeurs incommensurables où M. Thiers voulait que l'on reléguât la *vile multitude!*

Ainsi, pour se présenter aux élections il faut être riche, pour avoir chance d'obtenir, d'emporter les suffrages, il faut être très-riche. Ceci se passe à une époque où de prétention, d'étiquette et de surface, tout est démocratique. Un tel résultat cependant ne l'est guère. *Silence au pauvre,* écrivait Lamennais dans le dernier numéro du *Peuple constituant*, lorsque le cautionnement tout-à-coup rétabli, vint bâillonner la presse républicaine et socialiste. Ce mot pourrait s'appliquer non à l'apparence légale, mais à la palpable et visible réalité de notre système électoral. Le pauvre vote, mais il ne parle pas. Muet et inactif souverain, il règne sans jamais trouver le moyen ni l'occasion de gouverner. On fait ses affaires devant lui, pour lui, quelquefois contre lui; jamais il ne les fait lui-même.

Pourtant la loi ne s'y oppose pas, que dis-je, elle l'y invite. Non contente de lui en reconnaître le droit, elle lui en impose presque le devoir. De même que, selon le mot cruellement ironique de Louis XVIII, chaque soldat a le bâton de maréchal dans sa giberne, chaque électeur, selon les dispositions et les possibilités légales, a dans les mains son mandat de député. Seulement les soldats ne deviennent ordinairement que caporaux et quant aux prolétaires législateurs, je ne sache pas que, depuis le Coup d'État, on en ait aperçu un seul dans nos assemblées. Résumons d'un trait la situation. Les possibilités et même les facilités légales ne pourront rien, ne serviront à rien, tant que subsisteront et se dresseront invincibles les impossibilités sociales.

Je prévois ici une objection et j'y vais parer tout de suite :

« Votre raisonnement, me dira-t-on, repose sur une double pétition de principes. Vous semblez toujours supposer entre la bourgeoisie et le prolétariat un violent antagonisme d'intérêts, une sourde et profonde rivalité ; vous paraissez croire que la classe gouvernante ne fait rien pour attirer dans les assemblées dirigeantes la classe gouvernée, et que si elle ne redoute pas ce que vous appelez les impossibilités sociales, elle ne s'empresse point en les diminuant d'abaisser la seule barrière qui interdise au prolétaire l'approche et l'exercice du pouvoir.

« Sur ce premier point, les faits eux-mêmes se chargent de vous répondre et de vous confondre. Les prolétaires, à vous en croire, n'envoient aucun des leurs au Corps Législatif parce que personne parmi eux n'est assez riche pour supporter les dépenses qu'entraîne une candidature. Tenons un instant cette raison pour bonne. Elle n'explique pas pourquoi, si les prolétaires sont aussi mécontents que vous le donnez à entendre de la haute bourgeoisie et de la noblesse, ils envoient avec une invariable régularité à la chambre des manufacturiers, des banquiers, des industriels et des nobles.

« En supposant qu'ils ne trouvassent pas dans leurs rangs des candidats à élire, ils pourraient toujours rejeter ceux qui, selon vous, gèrent mal leurs intérêts et leur sont antipathiques. Rien n'est plus simple, plus facile, moins dangereux qu'une démonstration négative. Il n'y a pas besoin d'être riche pour cela. Il suffit de vouloir. Que craindrait-on ? Le scrutin n'est-il pas secret ? Elle est encore à venir cette démonstration et les circonstances ne font point prévoir qu'elle doive être très-prochaine. Quelle preuve plus concluante peut-on fournir de l'entente des gouvernés avec les gouvernants ? Il y a longtemps que les chambres bourgeoises se seraient évanouies devant le souffle des prolétaires, si au fond ceux-ci n'aimaient, ne respectaient les bourgeois et ne les voulaient au pouvoir.

« Nous ne contestons pas pourtant (car nous sommes d'entière bonne foi) qu'il ne se soit élevé, qu'il ne s'élève journellement entre les deux classes des malentendus, des conflits, des querelles. Les intérêts ont beau être similaires; ils ne sont pas identiques. Des divergences inséparables des faiblesses de la nature humaine et qui s'expliquent aussi par l'état relativement peu avancé de notre civilisation, se manifestent de temps à autre. Mais il nous semble que dans ce cas, les défenseurs, les interprètes ne manquent point aux prolétaires et que l'opposition s'acquitte de sa tâche, de son devoir avec autant de conscience que de talent. Croyez-vous qu'un épicier ou qu'un menuisier exposerait mieux les griefs, les revendications de sa classe, que les honorables et brillants orateurs de la gauche? Nous pensons que fût-il à la chambre, il y aurait tout bénéfice pour lui à les laisser parler. Ce qui prouve, entre nous, que sa présence n'y serait pas très-utile et par conséquent n'y est pas désirable. »

Répondons d'abord sur le second point, pendant que nous sommes encore sous l'impression du reproche qu'on nous adresse. Il est un fait que nos contradicteurs oublient ou qu'ils passent trop modestement et trop volontiers sous silence, c'est que l'opposition n'a formé depuis 1852 qu'une minorité assez faible, qu'elle a peu ou point influé sur la confection des lois, la marche du gouvernement et la direction générale du pays. Lorsqu'elle a parlé en faveur du prolétariat il faut avouer qu'elle a été bien peu écoutée et que la majorité n'a guère tenu compte de ses réclamations. Qu'y a-t-il de surprenant, en pareille occurrence, à ce que, voyant le mauvais accueil fait à ses discours, à ses propositions et l'impuissance trop clairement constatée de ses efforts en face de l'inébranlable obstination d'une majorité compacte, qu'y a-t-il de surprenant à ce que nous songions à lui amener des renforts et des auxiliaires.

Je ne vous garantis pas que l'épicier du coin parlera aussi bien que nos députés libéraux, mais je vous assûre que dans les questions d'économie sociale il votera en pleine connaissance de cause, et ce vote, avouez-le, ne laisse pas que d'être important. Les discours éloquents ont leur prix, sont nécessaires et nous les estimons fort; nous en jouissons surtout quand, au lieu de n'être qu'une splendide et, malheureusement, inutile protestation en l'honneur du droit méconnu, ils exercent une action victorieuse et font pencher la balance vers l'humanité, vers l'équité. Cent ou cent cinquante prolétaires à la gauche ne donneraient certes pas plus de talent à nos orateurs, mais confèreraient, s'il est possible, encore plus d'autorité à leur parole. Loin de voir un affaiblissement, un empêchement ou une marque de défiance dans un mouvement électoral qui amènerait un grand nombre de prolétaires dans l'enceinte de la chambre, les membres de l'opposition démocratique salueraient, nous en sommes persuadé, cet heureux évènement comme l'aurore d'une époque de paix définitive et de réparation sociale.

J'espère avoir rassuré mes contradicteurs en leur montrant que les prolétaires introduits à la chambre n'y feraient pas double emploi, y joueraient un rôle actif, indispensable et s'y rendraient fort utiles. Il me reste maintenant à examiner la première partie de leur argumentation. Leur grand cheval de bataille, le bucéphale sur lequel ils caracolent et triomphent, est ce dilemme : à défaut d'une manifestation affirmative que vous proclamez et que tacitement nous reconnaissons impossible, les prolétaires pourraient faire une démonstration négative ; ils ne la font pas ; donc ils sont d'accord avec les bourgeois.

Oui, ce dilemme serait excellent si la mineure n'était complétement fausse. L'instinct des prolétaires a sur ce point, et fort heureusement, vu plus haut, plus loin, que la sagesse des doctrinaires. Rien en effet ne leur était plus facile que de faire une démonstration négative et soyez certain qu'ils en ont eu plus d'une fois la tentation : toujours un sentiment de haute prudence les a retenus. La plupart d'entre eux ignorent à coup sûr le célèbre axiome, « on ne détruit que ce qu'on remplace ; » dans le fait, ils ont agi comme s'ils le connaissaient. Ils pouvaient paralyser le mouvement législatif, ébranler, désorganiser le mécanisme gouvernemental. A quoi cela leur eût-il servi ; à quoi cela leur servirait-il encore aujourd'hui, n'ayant pas de candidat à eux et ne pouvant rien substituer immédiatement au vide qu'ils feraient. Une démonstration négative qui n'aurait pas pour motif, pour appui et pour corollaire une manifestation affirmative serait parfaitement stérile et ferait courir à la société les plus grands dangers, sans améliorer sensiblement le sort de ceux qui se résoudraient à ce parti extrême.

Ces deux actes doivent être connexes, simultanés, pour avoir toute leur importance et toute leur valeur. Le peuple sent très-bien cela. Quoique très-mécontent de la bourgeoisie, quoique séparé d'elle sur presque tous les points, il vote pour les bourgeois parce qu'il n'est pas encore prêt à les remplacer légalement; parce que son instinct, beaucoup plus conservateur que révolutionnaire (en dépit des assertions contraires qui, pour des raisons différentes, pleuvent de droite et de gauche) lui fait respecter l'ordre établi jusqu'à ce qu'il se trouve en mesure et par conséquent en droit, d'éliminer cet ordre plus apparent que réel, en mettant à sa place un ordre plus complet, plus solide et supérieur.

On le voit, le reproche formulé par nos contradicteurs tombe devant cette explication si simple, si conforme à la réalité. La réserve de la classe populaire atteste la modération de son humeur, la grandeur instinctive de son caractère, l'admirable sureté de son sens politique ; elle tourne à sa gloire, non à celle de la bourgeoisie. Tant que les prolétaires ne seront pas certains de leur avènement au pouvoir, c'est-à-dire à la participation et à la gestion des affaires, ils s'abstiendront d'une démonstration négative qui, en faisant table rase et en suspendant la vie politique, provoquerait promptement une réaction irritée et implacable. Empruntant au grand philosophe socialiste sa devise : *destruam et œdificabo*, ils ne démoliront qu'avec l'intime conviction de rebâtir aussitôt; ils ne donneront le premier coup de pioche dans le vieil édifice que lorsqu'ils auront sous la main les pierres de l'édifice futur. *Pierres vivantes!* comme disait Christ à ses apôtres. J'entends par là les hommes qui, après une consciencieuse et complète enquête sociale, accompliront régulièrement la réforme législative.

Ce mot de réforme nous amène précisément à la dernière partie de notre étude, à l'examen des moyens qu'il convient d'employer pour sortir d'une situation qui semble sans issue. Tout le monde y est intéressé : les prolétaires, cela va sans dire ; les bourgeois, plus que personne.

III

« C'est, disent ces derniers, ce dont nous ne convenons point. Nous voyons bien ce que nous pourrions perdre à l'avénement du prolétariat ; ce que nous aurions à y gagner ne nous apparaît nullement. De votre propre aveu et pour parler votre langage, le fait électoral et le fait législatif nous sont acquis. N'est-ce pas le principal ? n'est-ce pas avec cela qu'on gouverne le monde? Nous avons pour nous protéger le rempart des impossibilités sociales; mais puisque la route des possibilités légales reste ouverte, notre conscience est en repos. Nous n'empêchons, ne prévenons rien ; nous attendons tranquillement. Vous venez nous entretenir de conflit inévitable, de participation nécessaire, de difficulté sociale à régler; la réalité politique, telle que nous la constatons, n'est guère en rapport avec vos paroles. Dans tous les cas, pourquoi irions-nous de gaieté de cœur au-devant d'éventualités sinon complètement chimériques, du moins peu probables et fort éloignées ? Pourquoi, selon une locution triviale mais juste, donnerions-nous des verges pour nous fouetter?Nous ne pouvons pas constamment prendre des mesures en vue d'un péril qui n'est peut-être qu'imaginaire. Si jamais la crise menace, on verra comment y remédier.»

L'autruche raisonne ainsi, quand elle cache sa tête sous une pierre, persuadée qu'en ne voyant plus le danger, elle cesse d'y être exposée; mais cet oiseau n'a jamais été considéré comme un prodige d'intelligence ni comme un modèle de sagesse. Pour croire à la possibilité d'une crise, attendre qu'elle éclate c'est une puérile et lamentable politique. Légalement, et socialement la bourgeoisie se regarde comme inattaquable; elle se croit sûre d'une domination indéfinie. Parce qu'elle a su arranger le choses de manière à ce que les indications, les éclaircissements, les réclamations, les plaintes ne se puissent produire à la tribune publique, elle se figure avoir supprimé la cause de ces plaintes et prévenu les conséquences où le mécontentement doit aboutir. Aux hommes d'état à courte vue qui se satisfont de si misérables palliatifs, on pourrait dire en modifiant le mot de l'historien latin : lorsqu'ils ont obtenu le silence, il s'imaginent avoir maintenu l'ordre. Tout cela dure tant bien que mal jusqu'au jour où le sol manque subitement sous les pieds, où le volcan surgit, où pour s'être enfermé obstinément dans la fiction officielle et avoir décliné le débat légal, on se trouve en face de la guerre civile.

Gardons-nous des ironies doctrinaires que le sort, ironique aussi à sa façon, déjoue rudement. Sous Louis-Philippe, il y avait ce qu'on nommait le *pays légal*, composé des électeurs censitaires.

A ceux qui demandaient qu'on élargît ce cercle visiblement trop étroit, étouffant, on répondait avec un sourire de dédain, avec un air railleur qu'on croyait souverainement irrésistible : « Que les aspirants électeurs s'enrichissent et ils pourront franchir les frontières du pays légal. Les voies régulières leur sont ouvertes, personne ne les empêche de gagner de l'argent : » On sait ce qu'amenèrent ces belles réponses : La révolution de février et la proclamation du suffrage universel. Est-ce que cette expérience-là ne suffit pas ?

Aujourd'hui, non pas selon la légalité pharisaïque, mais dans la vérité cruelle et incontestable des faits, il y a en France deux pays politiques, le *pays éligible* qui devient nécessairement le *pays élu ;* le *pays électeur* qui reste électeur et rien de plus. Si l'équité, si l'humanité ne font pas changer cette situation, la nature des choses avec laquelle elle est en contradiction flagrante se chargera de ce soin.

Je ne veux pas me demander si les violences d'un conflit prendraient la bourgeoisie au dépourvu, je ne veux pas interroger ni serrer de trop près une législation où des esprits sévèrement attentifs pourraient trouver plus d'une marque de méfiance, d'irritation et de frayeur ; ce que je sais, ce que nous savons tous, c'est qu'une société, fondée sur l'industrie et le commerce, a principalement, presque uniquement besoin de sécurité. Or, la compression même extrême, même poussée à ses dernières limites, est loin de donner une sécurité parfaite. Toute lutte (et la répression constante n'est pas autre chose), a ses risques, ses périls, ses alternatives, ses fatigantes et accablantes incertitudes. Par cela seul qu'elle est la lutte, elle implique des éventualités menaçantes ; elle suspend et bouleverse la vie sociale. Il y a bien un moyen auquel les aristocraties inquiètes, découragées, désorientées ont parfois recours, c'est la dictature; mais ce moyen a ses inconvénients et ses charges qui ne tardent point à se faire sentir. On obtient la sécurité; on donne en échange sa liberté.

Quel que soit le plaisir que cause la vengeance,
C'est l'acheter trop cher, que l'acheter d'un bien
Sans qui les autres ne sont rien.

Vengeance est trop fort, mais l'ordre lui-même, cette grande loi des sociétés devant laquelle s'inclineront toujours les âmes pures et les droites intelligences, n'exige pas un pareil sacrifice, ne veut pas qu'on lui offre en holocauste sécurité, dignité, liberté. Le remède, qui de nous ne l'a senti, est pire que le mal. Comment hésiterait-on entre les fluctuations passionnées mais fortifiantes du débat légal et les émotions poignantes, dépravantes de la compression, le calme sinistre de la dictature !

Ecartons ces funestes appréhensions. Détournons notre vue et notre pensée de ces moyens aussi répugnants que condamnables. Il en est d'autres heureusement. Les voies légales sont indiquées, tracées ;

mais on n'y peut circuler, parce qu'elles sont trop étroites et coupées de fondrières. Il faut combler les abîmes, élargir les routes. La presse vraiment libre, le droit de réunion sérieusement garanti et s'appuyant au droit d'association, voilà qui suffirait pour changer du tout au tout la face des choses. Laissez courir la feuille volante, ne l'immobilisez point sous le fardeau fiscal, ne lui barrez pas la voie publique au gré de votre caprice et le pauvre pourra consacrer le fruit de ses modestes épargnes à publier sa pensée, à se mettre en rapport avec ses semblables, ses frères. Et ce qui serait vrai du journal, de la brochure, ne le serait pas moins de la réunion librement tenue.

Eloignez-en la police qui n'y a que faire et dont la présence gâte tout, indisposant jusqu'aux plus paisibles. Donnez carrière et licence à toutes les doctrines, sur tous les sujets. Que les sentiments s'exhalent, que les pensées s'expriment, que les théories s'exposent, que les idées sortent (il n'y a de dangereux que les idées contenues, renfermées) et vous verrez se multiplier les candidatures populaires. Ce que l'individualité réduite à elle-même est impuissante à faire, la collectivité le fera. Les gros sous s'ajoutant aux gros sous couvriront les dépenses indispensables. Sans convulsion, sans secousse, sans effort, sans déchirement, le prolétariat prendra dans l'état la place qu'il mérite, le rang qui lui est dû.

Ne croyez pas en lisant ceci que je suis un de ces libéraux à l'allure indécise et molle, au doucereux langage, qui ajournent l'action aux temps futurs, parce que, disent-ils, les conditions seront probablement plus favorables, plus équitables. Je viens d'exposer quelles seraient selon moi les conditions propres à l'éclosion des candidatures populaires; mais cela ne veut pas dire qu'il en faille attendre indéfiniment la réalisation, pour tenter et commencer l'entreprise. Même avec les insuffisantes ressources légales dont nous disposons, nous pouvons nous avertir, nous renseigner, nous éclairer les uns les autres. C'est au cœur, à la justice, au désintéressement du prolétaire de le guider. Pas de compétition d'amour propre, pas de vaine jalousie. A l'atelier, au comptoir, dans les bureaux, au village, partout enfin où les hommes se trouvent en contact et forment groupe, les aptitudes de celui qui est né pour la délégation, la représentation, se déclarent. Elles sont reconnaissables, évidentes, s'imposent. C'est un signe, un avertissement qu'il convient de ne pas négliger. Celui-là est né pour une fonction; à ses frères de lui en faciliter l'abord. Leur intérêt, un intérêt supérieur aux combinaisons particulières, aux calculs égoïstes, le leur commande.

En suivant leur instinct généralement si délié et si sûr, les prolétaires peuvent, dès les prochaines élections, envoyer à la Chambre un certain nombre d'entre eux. En demandant, en obtenant des améliorations légales et aussi par la magie de l'exemple, ces prolétaires arrivés frayeront le chemin aux autres. Le mouvement commencé dans les grands centres intelligents et travailleurs, à Paris, à Lyon, à Rouen, à Lille, se poursuivra, s'étendra jusque dans les moindres communes; 1869 peut devenir, si nous le voulons, une date glorieuse et bénie. De cette année peut dater un progrès décisif dans l'émancipation du prolétaire appelé enfin à prendre part à la direction générale des affaires du pays. Ce retour à l'équité politique et sociale ouvrira l'ère de la sécurité définitive.

IV

La sécurité, voilà ce que les bourgeois gagneront à l'avènement du prolétariat. La guerre civile évitée, la dictature rendue inutile, la réforme prévenant la révolution, sont-ce là, je vous prie, de petits avantages ? Cette sécurité, condition essentielle des sociétés après laquelle, depuis tant d'années prolétaires et bourgeois nous soupirons tous, n'est ni possible, ni durable en dehors de l'équité. Point d'ordre sans justice ; point de justice sans information préalable et débat contradictoire.

Une immense difficulté sociale entrave nos destinées, énerve les individus, pèse sur la nation. Le nier, ce serait nier l'histoire contemporaine et ne rien comprendre aux mesures administratives et législatives prises depuis cinquante ans. L'importun, le cruel souci de la question sociale n'a été épargné à aucun des gouvernements qui se sont succédé depuis le premier empire. Les classes dominantes ont tantôt comprimé, tantôt réprimé, toujours éludé. A ce que la question fût nettement posée, elles ont vu un péril, une menace pour l'ordre, comme si l'énoncé seul du problème eût suffi pour en indiquer la solution, comme si surtout cette solution n'eût pu être que contraire à leurs intérêts.

Compression, répression, mesures captieuses, fallacieuses promesses, détours, ajournements, rien n'a servi. Incessamment le flot monte. Comme la seule digue infranchissable, la Justice, n'a pas été posée d'une main ferme, d'un cœur loyal, on n'a, passez-moi le mot, reculé que pour mieux sauter. La sécurité ne s'obtient ni par les expédients, ni par la ruse ni par la force ; elle n'a d'autre garantie, d'autre refuge, d'autre base que le droit. La démonstration historique de cette vérité capitale a coûté cher à l'humanité ; elle s'impose aujourd'hui aux esprits les plus réfractaires, les plus récalcitrants. La ruse et la force ont perdu beaucoup de leur prestige depuis qu'on a vu qu'elles ne résolvent rien et qu'elles enveniment tout. On s'est dit qu'en somme l'équité doit avoir du bon ; et, en désespoir de cause, on se résignera à en essayer. La loi formulée par le poète se vérifiera une fois de plus : *Nolentem trahunt fata.*

Où saigne, profonde et secrète, la blessure de la haute bourgeoisie, je le sais. Elle souffre de partager le pouvoir. La participation du prolétariat au contrôle législatif lui paraît un arrêt de déchéance porté contre elle par le destin. En réalité, depuis la chute de Napoléon Ier, que du reste elle n'avait pas peu contribué à élever sur le trône, elle a, sous tous les régimes et quelle que fût la différence des constitutions, exercé en France une influence prépondérante. Il est vrai que cette influence à laquelle manquaient de solides assises et que battaient sourdement, continuement les flots du plébéianisme irrité, ne s'est jamais exercée d'une façon incontestée. Deux fois même, en 1830 et en 1848, elle s'est sentie sérieusement menacée; mais ce n'a été qu'un moment difficile à passer. Bientôt rétablie, elle a paru plus irrésistible que jamais.

Il est arrivé alors à la bourgeoisie ce qui arrive inévitablement aux pouvoirs trop sûrs d'eux-mêmes et trop longtemps dominateurs : elle a manqué de prudence. Cédant au désir de consolider, de prolonger sa toute-puissance, elle a peu à peu et quasi-inconsciemment, sous prétexte de bonne gestion, d'administration, d'ordre, détourné, accaparé à son usage les grands services publics. Elle a cru en son infaillibilité ; elle a versé du côté où elle penchait.

Heureusement elle ne pouvait échapper à cette nécessité supérieure qui veut que tout pouvoir se limite par ses propres excès. Forcée, pour entretenir les services publics qu'elle tendait à rendre parasites, de redoubler de dépenses et par conséquent d'augmenter les impôts, elle s'est trouvée un jour en présence de ceux qui supportaient les charges sans les décréter. La réclamation des prolétaires s'est fait entendre. La proclamation du suffrage universel a été un premier avertissement d'une part, une première concession de l'autre. Le système qu'il blâmait implicitement n'ayant point changé, le prolétariat est à la veille de faire un second pas plus décisif.

Contribuant à payer l'impôt comme à produire la richesse, il veut concourir à la gestion de cette richesse et à la répartition de cet impôt. En quoi cette prétention est-elle exagérée? Que peut-elle offrir de blessant ou de diminuant pour la bourgeoisie? Je vais plus loin et ne crois pas faire un paradoxe en affirmant que ce concours du prolétariat aux affaires fortifierait la bourgeoisie, loin de l'affaiblir. Tout pouvoir réellement contrôlé est un pouvoir solidifié. Cette vérité, qui n'a point cours dans les monarchies absolues, est une de celles que les démocraties ne doivent pas ignorer. Le prolétariat législatif ne crée pas un antagonisme, il apporte un contrepoids. C'est un rétablissement d'équilibre. Or, l'équilibre est souvent le symbole et parfois le commencement de l'équité.

Je reviens et j'appuie sur une de mes dernières assertions. Le débat légal supprimera le conflit, fera évanouir l'antagonisme. Dès qu'il y aura discussion, il n'y aura plus lutte. Les malentendus ne naissent et ne s'accroissent que dans le silence, dans l'obscurité. Aussitôt qu'on se voit, qu'on se parle, qu'on s'explique, on se calme, on se rapproche du vrai. Le grand malheur des bourgeois et des prolétaires, c'est depuis vingt ans de ne s'être jamais trouvés pacifiquement en face les uns des autres. Les bourgeois ne vont pas dans les clubs, les ouvriers n'entrent pas à l'Assemblée et ne sont pas reçus dans les salons. Le pied de fraternité, d'égalité n'existe pas. Comment pourrait-on s'entendre, se comprendre?

Une fois au Corps Législatif, forcément, on s'entendra. Je ne veux pas dire par là que les prétentions des uns et des autres seront parfaitement équitables, qu'elles s'exprimeront toujours dans un langage modéré, sans acrimonie et sans fiel. Il est probable que bien des violences, des récriminations, se mêleront à l'échange des arguments; mais en définitive on ne peut pas demander à une assemblée humaine d'être composée de purs esprits, d'anges et d'archanges, et pourvu que la majorité (à gauche ou à droite, peu importe) ne soit pas assez considérable pour devenir oppressive et imposer silence à la minorité, les bénéfices et les résultats de la discussion en rachèteront largement les inconvénients.

Du choc des prétentions excessives et contradictoires, lorsqu'elles sont également impuissantes à s'annihiler, se dégage la justice, non pas cette justice idéale que révère le philosophe et dont il a raison de renouveler de temps en temps l'image devant nos yeux, l'impression dans nos consciences, mais la justice relative, celle qui s'obtient à l'aide de concessions mutuelles et qui porte le cachet de sa terrestre imperfection. Précieuse conquête toutefois, bien qu'incomplète et que nous n'avons pas le droit de dédaigner, puisque nous pouvons la compléter, l'agrandir encore.

Quant aux objections qui se peuvent tirer d'une éducation politique insuffisante, elles perdent beaucoup de leur importance depuis qu'on sait que la meilleure méthode pour apprendre la politique c'est de s'y mêler, de la pratiquer. Lorsque le suffrage universel a été proclamé, les prophètes ne manquaient point pour prédire qu'il ne pourrait pas fonctionner convenablement pendant un an. Il est devenu aujourd'hui la plus inviolable et la plus nécessaire de nos institutions. Le sort du prolétariat législatif ne sera pas moins heureux.

Je ne m'aveugle point sur les inconvénients possibles; mais quand les inconvénients préservent des dangers, je suis d'avis qu'il n'y faut pas regarder de si près. Citez-moi d'ailleurs dans le monde politique une mesure, une décision, une résolution qui soit exempte d'inconvénients, qui ne comporte pas quelques tiraillements douloureux. On ne sort pas de l'eau sans nager et on ne nage pas sans faire d'efforts. De même en politique on n'aboutit à rien sans courage, sans énergie. Ouvriers et paysans en envoyant des prolétaires à la chambre, bourgeois en leur faisant bon accueil, montrons tous que nous possédons encore la vertu civique par excellence, — la virilité.

Coulommiers. — Typog. A. MOUSSIN

www.ingramcontent.com/pod-product-compliance
Ingram Content Group UK Ltd.
Pitfield, Milton Keynes, MK11 3LW, UK
UKHW020426220726
13923UKWH00005B/2127